Impressum
Verlag: BABADADA GmbH, Nedderfeld 112 , 22529 Hamburg
Geschäftsführer / Verlagsleitung: Harald Hof
Druck: Books on Demand GmbH, In de Tarpen 42, 22848 Norderstedt

Imprint
Publisher: BABADADA GmbH, Nedderfeld 112 , 22529 Hamburg, Germany
Managing Director / Publishing direction: Harald Hof
Print: Books on Demand GmbH, In de Tarpen 42, 22848 Norderstedt

school

قوتابخانە

klaslokaal
پۆل
delen
دابەشکردن
bord
تەختە
speelplaats
leerkracht
مامۆستا
papier
کاغەز
schrijven
نووسین
pen
پێنووس
bureau
مێزی نووسین
liniaal
خەتکێش
boek
کتێب
leerling
خوێندکار

schooltas
....
چەواڵ

pennenzak
....
جانتای پێنووس

potlood
....
پێنووس

puntenslijper
....
تیژکەرەوەی پێنووس

gom
....
ڕەشکەرەوە

tekenblok
....
پەدی نیگارکێشان

tekening
....
نیگارکێشان

verfborstel
....
فڵچەی ڕەنگ

verfdoos
....
قوتووی ڕەنگ

schaar
....
مەقەست

lijm
....
چەسپ، کەتیرە

werkboek
....
کتێبی ڕاهێنان

huiswerk
....
کاری ماڵەوە

nummer
....
ژمارە

optellen
....
زیدەکردن

aftrekken
....
کەمکردن

vermenigvuldigen
....
لێکدان

rekenen
....
حسابکردن، ژماردن

letter
....
پیت

alfabet
....
ئەلفوبێ

woord
....
وشە

tekst

....

نووسراوە، دەق

Lezen

....

خوێندنەوە

krijt

....

گەچ

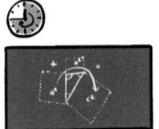

les

....

خول، دەرس

klassenboek

....

تۆمارکردن

examen

....

ئەزموون، تاقیکردنەوە

certificaat

....

بڕوانامە

schooluniform

....

جلی قوتابخانە

onderwijs

....

پەروەردە

encyclopedie

....

زانیاری نامە

universiteit

....

زانکۆ

microscoop

....

میکرۆسکۆپ

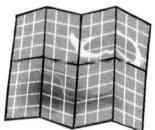

kaart

....

خەریتە، نەخشە

papiermand

....

سەبەتەی کاغەز

reis

سەفەر

hotel
میوانخانە، هۆتێل
jeugdherberg
میوانخانە
ROOMS
wisselkantoor
نووسینگەی گۆڕینەوەی دراو
EXCHANGE
koffer
جانتا، ساک
auto
ئۆتۆمۆبیل

Taal
زمان

ja / nee
بەڵێ / نەخێر

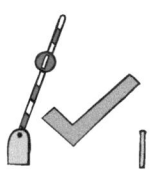

oké
باشە

hallo
سڵاو

vertaler
وەرگێڕی دەق

bedankt
سپاس

Hoeveel kost ...?

بەچەندە ...؟

Ik begrijp het niet

من تێناگەم

probleem

کێشە

Goedenavond!

ئێوارە باش!

Goedemorgen!

بەیانی باش!

Goedenavond!

شەو باش!

Tot ziens

ماڵئاوا، بەخێرچی

richting

ئاراستە، ڕێڕەو

bagage

جانتا

zak

جانتا

rugzak

کۆڵەپشتی

gast

میوان

kamer

ژوور، دیو

slaapzak

کیسەخەو

tent

چادر، دەوار

toeristeninformatie

زانیاری بۆ گەشتیار

strand

کەناراو

kredietkaart

کارتی قەرز

ontbijt

نانی بەیانی

lunch

نانی نیوەڕۆ

avondeten

نانی شەو

ticket

بلیت

lift

ئاسانسۆر

postzegel

پوول، تەمر

grens

سنوور

douane

گومرک

ambassade

باڵوێزخانە

visum

ڤیزا

paspoort

پاسەپۆرت

transport

گواستنەوە

vliegtuig
فڕۆکە
schip
کەشتی
brandweerwagen
مەکینەی ئاگرکوژێنەوە
bus
پاس
vrachtwagen
لۆری
motorboot
بەلەمی ماتۆڕی
fiets
دووچەرخە، پایسکل
auto
ئۆتۆمۆبیل

veerboot
....
کەشتی گواستنەوە

boot
....
بەلەمی ماتۆڕی

motor
....
ماتۆڕ

politiewagen
....
ئوتومبێلی پۆلیس

racewagen
....
ئوتومبێلی پێشبڕکێ

huurauto
....
ئۆتۆمۆبیلی کرێ

carpoolen

....

ئۆتۆمۆبیل هاوبەشکردن

sleepwagen

....

لۆری ڕاکێشکردن

vuilniswagen

....

لۆری زبڵ

motor

....

ماتۆڕ

benzine

....

سووتەمەنی

benzinestation

....

وێستگەی بەنزین

verkeersbord

....

تابڵۆی هاتووچۆ

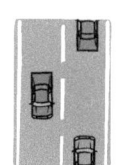

verkeer

....

هاتووچۆ

file

....

ترافیک

parkeerplaats

....

شوێنی ڕاگرتنی ئۆتۆمۆبیل

station

....

وێستگەی شەمەندەفەر

sporen

....

هێڵی ئاسن

trein

....

شەمەندەفەر

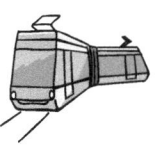

tram

....

قەتاری سەرشەقام

wagon

....

داشقە

helikopter

هەلیکۆپتەر

luchthaven

فرۆکەخانە

toren

بورج

passagier

نەفەر

container

دەفر، کانتینەر

karton

کارتۆن

kar

داشقە

mand

سەوەتە

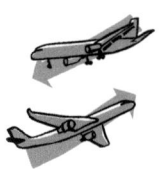

opstijgen / landen

هەڵفرین / نیشتن

stad

شار

dorp

گوند، دێهات

stadscentrum

ناوەندی شار

huis

ماڵ، خانوو

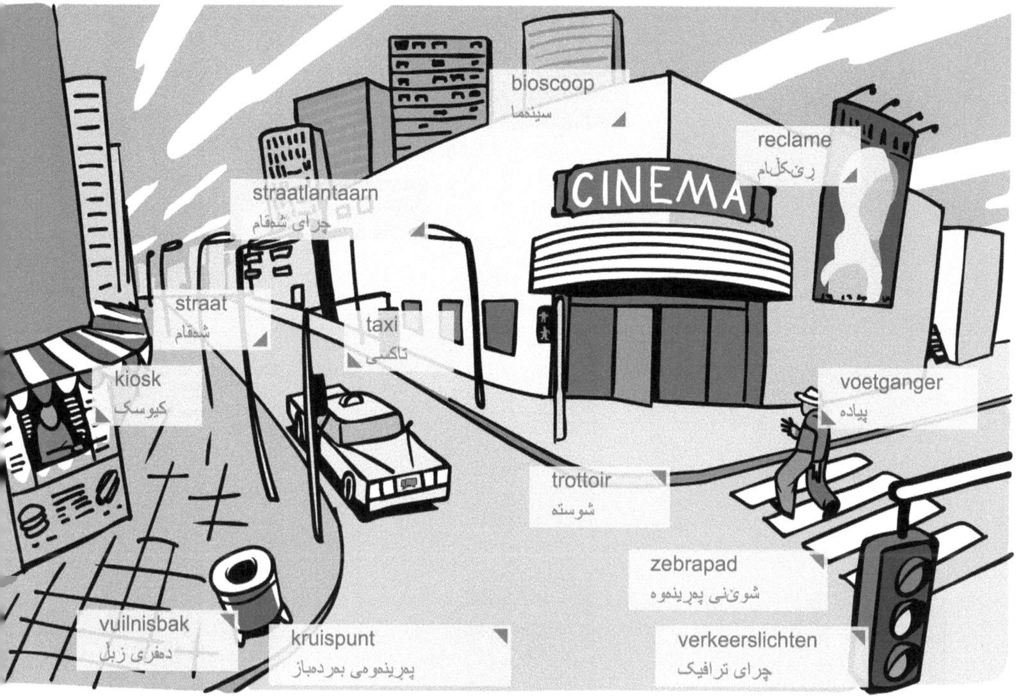

bioscoop
سینەما
reclame
ڕیکلام
straatlantaarn
چرای شەقام
straat
شەقام
taxi
تاکسی
kiosk
voetganger
پیادە
trottoir
شوستە
zebrapad
شوێنی پەڕینەوە
vuilnisbak
دەفری زبڵ
kruispunt
پەڕینەوەی بەردەباز
verkeerslichten
چرای ترافیک

hut

خانووچکە

woning

نهۆم، باڵەخانە

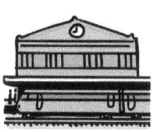

station

وێستگەی شەمەندەفەر

stadshuis

کۆشکی شارەوانی

museum

مۆزەخانە

school

قوتابخانە

universiteit

زانکۆ

bank

بانک

ziekenhuis

نەخۆشخانە، خەستەخانە

hotel

میوانخانە، هۆتێل

apotheek

دەرمانخانە

kantoor

نووسینگە، فەرمانگە

boekwinkel

کتێبفرۆشی

winkel

دووکان

bloemenwinkel

گوڵفرۆشی

supermarkt

سوپەرمارکێت

markt

بازار

warenhuis

فرۆشگا

vishandelaar

ماسیفرۆش

winkelcentrum

ناوەندی کڕین

haven

بەندەر

park

....

پارک

bank

....

کورسی درێژ

brug

....

پرد

trap

....

پێ پیلکان

metro

....

ژێرزەوی

tunnel

....

تونێل

bushalte

....

وێستگەی پاس

bar

....

مەیخانە

restaurant

....

ڕێستۆرانت

brievenbus

....

سندووقی پۆست

straatnaambord

....

تابلۆی شەقام

parkeermeter

....

پێوەری پارکینگ

zoo

....

باخچەی ئاژەڵان

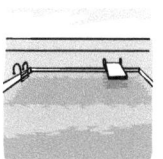

zwembad

....

حەوزی مەلە

moskee

....

مزگەوت

boerderij

مەزرا

milieuverontreiniging

پیسبوونی ژینگە

kerkhof

قەبرستان، گۆرستان

kerk

کەنیسە

speelplaats

شوێنی یاری

tempel

پەرستگا

landschap

دیمەن

blad
گەڵا

wegwijzer
تابلۆی رێنیشاندەر

weg
رێگا

weide
مێرگ

steen
بەرد

wandelaar
شاخەوان

boom
دار

rivier
رووبار، چەم

gras
گژوگیا

bloem
گوڵ

vallei

دۆڵ، شیو

heuvel

بەرزایی

meer

دەریاچە

bos

دارستان

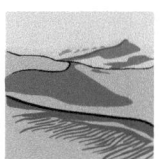

woestijn

چۆڵەوار

vulkaan

بورکان

kasteel

قەڵا

regenboog

کۆلکەزێرینە

paddenstoel

کارگ

palmboom

دارخورما

mug

مێشوولە

vlieg

مێشوولە

mier

مێروولە

bijl

مێش هەنگوین

spin

جاڵجاڵووکە

kever

قالۆنچە

kikker

بۆق

eekhoorn

سمۆرە

egel

ژیشک

haas

کەروێشکە کێوی

uil

کوند

vogel

باڵەندە

zwaan

قازی سپی

wild zwijn

بەرازی کێوی

hert

ئاسک

eland

بزنە کێوی

dam

بەنداو

windturbine

تۆربینی با

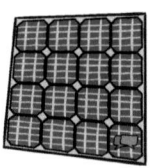

zonnepaneel

پەڕەی خۆری

klimaat

ئاووهەوا

restaurant

ڕێستۆرانت

ober
خزمەتکار
menu
لیستە، پێرست
stoel
کورسی
soep
سووپ، شۆرباو
pizza
پیتزا
bestek
چەقۆ و چەتاڵ
tafelkleed
سفرە

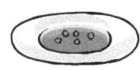

voorgerecht

خواردنی دەستپێک

hoofdgerecht

خواردنی سەرەکی

nagerecht

دێسێر

drankjes

خواردنەوە

eten

خواردن

fles

بوتڵ

fastfood

خواردنی خێرا

street food

خواردنی سەرشەقام

theepot

قۆری

suikerpot

قوتووی شەکر

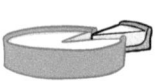

portie

بەش

espressomachine

نامێری سازکردنی قاوەی ئێسپرەسۆ

kinderstoel

کورسی بەرز

rekening

تێچوو

dienblad

کەشەف

mes

چەقۆ

vork

چنگاڵ

lepel

کەوچک

theelepel

کەوچکی چا

serviette

دەسماڵ

glas

لیوان، پەرداخ

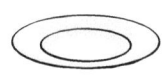

bord

....

قاپ، دەوری، دەفر

soepbord

....

قاپی شۆرباو

schoteltje

....

ژێرپیاڵە

saus

....

سۆس

zoutvatje

....

خوێدان

pepermolen

....

هاڕەری بیبار

azijn

....

سرکە

olie

....

ڕۆن

kruiden

....

بەهارات

ketchup

....

دۆشاوی تەمات، سۆسی تەماتە

mosterd

....

سۆسی موستارد

mayonaise

....

سۆسی مایۆنێز

supermarkt

سوپەرمارکێت

aanbieding
داشکاندنی تایبەتی
FOR
klant
مشتەری
zuivelproducten
fruit
میوە
winkelwagen
داشقە

slagerij

دووکانی قەسابی

bakkerij

نانەواخانە

wegen

کێشان

groenten

سەوزی

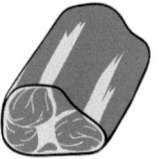

vlees

گۆشت

diepvriesvoedsel

خواردنی بەستوو

charcuterie

....

گۆشتی سارد

conserven

....

خواردنی کۆنسێرو

waspoeder

....

دەرمانی بشۆر

snoep

....

شیرینی

huishoudproducten

....

بەرهەمی خۆماڵی

schoonmaakproducten

....

بەرهەمی خاوێنکردنەوە

verkoopster

....

فرۆشیار

kassa

....

ژمێرەر

kassier

....

ژمێریار، خەزەندار

boodschappenlijstje

....

لیستی کڕین

openingstijden

....

کاتی دەوام

portefeuille

....

کیسەباخەڵ، جزدان

kredietkaart

....

کارتی قەرز

tas

....

توورەکە، کیسە

plastieken zakje

....

توورەکە

drankjes

خواردنەوە

water

ئاو

sap

شەربەت

melk

شیر

cola

خەڵووز

wijn

شەراب

bier

بیرە

alcohol

ئەڵكوّل

cacao

كاكاو

thee

چایی، چا

koffie

قاوە

espresso

قاوەی ئێسپرەسۆ

cappuccino

کاپۆچینۆ

eten

خواردن

banaan

....

مۆز

appel

....

سێو

sinaasappel

....

پرتەقاڵ

meloen

....

کاڵەک

citroen

....

لیمۆ

wortel

....

گێزەر

knoflook

....

سیر

bamboe

....

خەیزەران

ajuin

....

پیاز

champignon

....

کارگ

noten

....

سەموونە، گوێز، ناوکە

noodles

....

نوودڵ

spaghetti

....

ماکارۆنی

rijst

....

برینج

salade

....

زەلاتە

frieten

....

چپس

gebakken aardappelen

....

پەتاتەی برژاو، پەتاتەی سوورۆکراو

pizza

....

پیتزا

hamburger

....

هەمبرگێر

sandwich

....

ساندویچ، دۆندرمە

kalfslapje

....

پارچە گۆشت

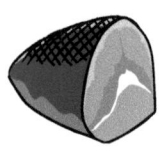

ham

....

گۆشتی بەراز

salami

....

گۆشتی بەراز

worst

....

سۆسیس

kip

....

مریشک

braden

....

برژاندن، نرژان

vis

....

ماسی

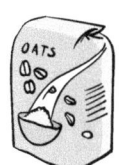

havervlokken
....
شۆرباوی ساوار

muesli
....
دانەوێڵەی تێکەڵ

cornflakes
....
دانەی دانەوێڵە

bloem
....
ئارد

croissant
....
کرۆسانت، نانێکی فەرەنسی

pistolet
....
نانی خڕ

brood
....
نان

toast
....
نانی برژاو

koekjes
....
بسکیت

boter
....
کەرە، ڕۆنی کەرە

kwark
....
سەرتوێژ، توێژ

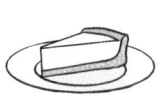

taart
....
کەیک

ei
....
هێلکە

spiegelei
....
هێلکەی برژاو

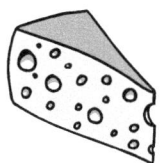

kaas
....
پەنیر

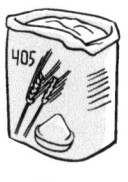

ijs

....

بەستەنی، دۆندرمە

suiker

....

شەکر

honing

....

هەنگوین

confituur

....

مرەبا

choco

....

خامەی نۆگات

curry

....

بەهارات

boerderij
مەزرا

schuur
تەویلە
strobaal
کڵۆشی کا
veld
مەزرا
paard
ئەسپ
aanhangwagen
ماڵی سەفەری
tractor
تراکتۆر
veulen
جوانوو
ezel
کەر، گوێدرێژ
schaap
مەڕ
lam
بەرخ

geit
بزن

koe
مانگا

kalf
گوێلک

varken
بەراز

biggetje
فەرخە بەراز

stier
جوانەگا

gans

قاز

eend

مراوی

kuiken

جووچک

kip

مریشک

haan

کەڵەشێر

rat

جرج

kat

پشیله

muis

مشک

os

گا

hond

سە، سەگ

hondenhok

کونه سه

tuinslang

سۆنده

gieter

تونگەی ئاودان

zeis

ماڵەغان

ploeg

گاسن

sikkel

داس

schoffel

مەڕە

hooivork

شەنە

bijl

تەور

kruiwagen

عارەبانەی دەستیی

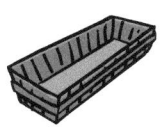

trog

دەفری خواردنی ئاژەڵان

melkkan

دەفری شیر

zak

تەلیس

hek

پەرژین

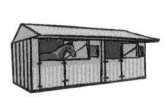

stal

تەویلە

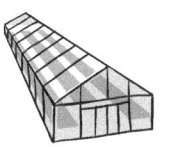

broeikas

گوڵخانە

bodem

خۆڵ

zaad

دەنک، تۆک

mest

پەین

maaidorser

کۆمباین

oogsten

دروێنەکردن

oogst

خەرمان

yam

پەتاتە

tarwe

گەنم

soja

لووبیا، فاسۆلیا

aardappel

پەتاتە

maïs

گەنمەشامی

koolzaad

جۆرێک دەخڵودان

fruitboom

داری بەری

maniok

سێوبنەعەرزیلە

graan

دانەوێلەی تێکەڵ

huis

ماڵ، خانوو

schoorsteen
دووکەڵکێش
dak
سەربان
regenpijp
raam
پەنجەرە
garage
deurbel
زەنگی دەرگا
deur
دەرگا
vuilnisbak
دەفری زبڵ
brievenbus
سندووقی نامە
tuin
باخ

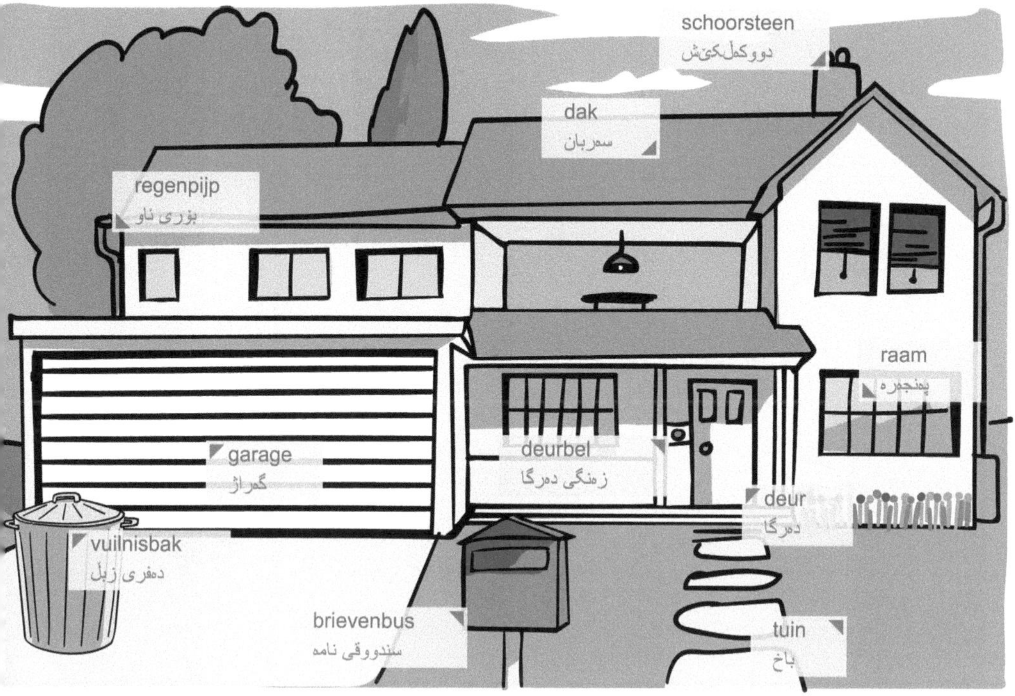

woonkamer

ژووری دانیشتن

badkamer

حەمام، ئاودەستخانە

keuken

چێشتخانە

slaapkamer

ژووی خەو

kinderkamer

ژووری منداڵ

eetkamer

ژووری نانخوارن

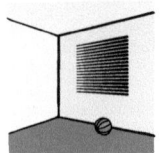

vloer

دالان، ئەرز

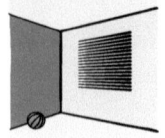

muur

دیوار

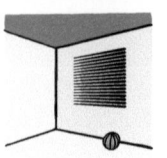

plafond

بن میچ

kelder

ژێرزەمین

sauna

ساونا

balkon

باڵکۆن، هەیوان

terras

هەیوان

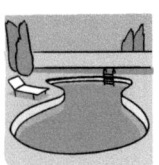

zwembad

حەوز، مەلەوانگە

grasmaaier

گژوگیابڕ

dekbedovertrek

مەلافە

dekbed

مەلافەی نوێن

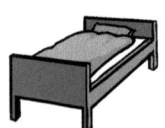

bed

پێخەف، نوێن

bezem

گسک

emmer

سەتڵ

schakelaar

سویچ، کلیل

woonkamer

ژووری دانیشتن

behangpapier
کاغەزی دیواری
foto
وێنە
lamp
لامپ، چرا، گڵۆپ
schap
ڕەفە
kast
کۆمێد
televisie
تەلەفیزیۆن
open haard
ئاگردان
bloem
گوڵ
kussen
باڵەنج، سەرین
sofa
سۆفا
vaas
گوڵدان
afstandsbediening
کۆنترۆڵ لە ڕێگەی دوور

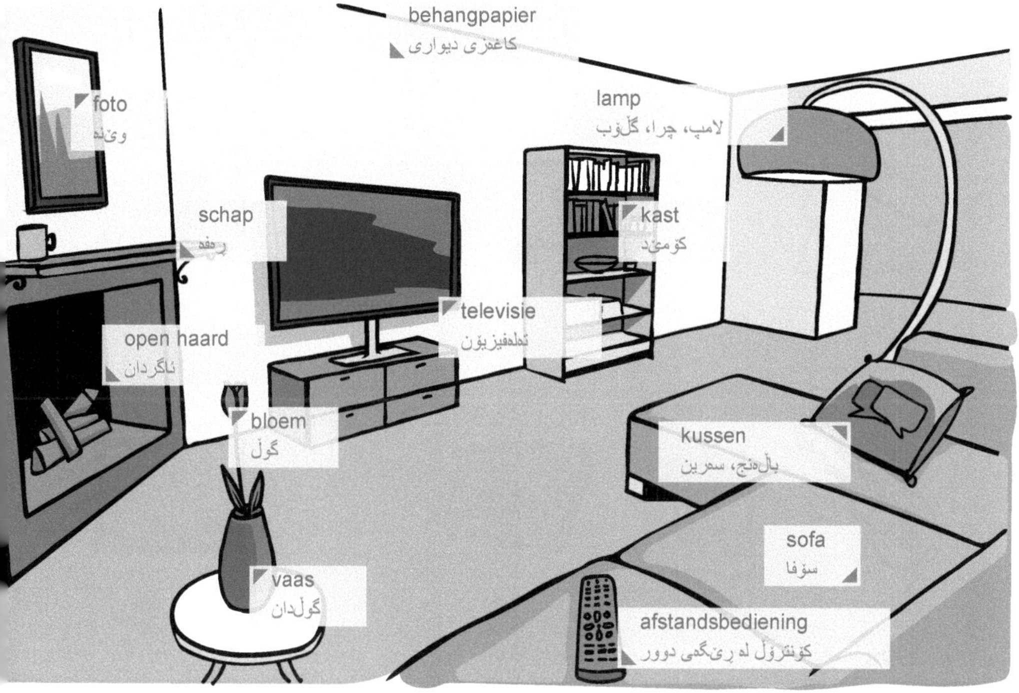

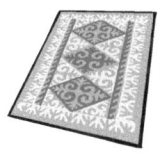

mat

فەرش

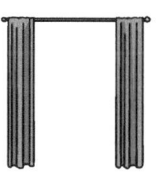

gordijn

پەردە

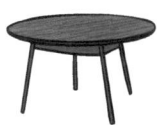

tafel

مێز

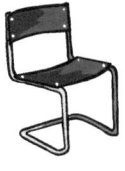

stoel

کورسی

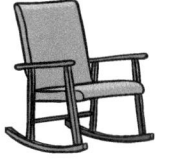

schommelstoel

کورسی ڕاژاندن

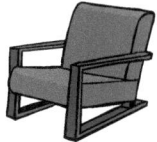

fauteuil

کورسی دەسکدار

boek

کتێب

deken

پەتوو، بەتانی

decoratie

ڕازاندنەوە

brandhout

داری سووتاندن

film

فیلم

stereo-installatie

ستێریۆ

sleutel

کلیل

krant

ڕۆژنامە

schilderij

نیگار، نیگارکێشان

poster

پۆستەر

radio

ڕادیۆ

notitieboekje

تیانووس

stofzuiger

گسکی کارەبایی

cactus

کاکتووس

kaars

مۆم

keuken
چێشتخانە

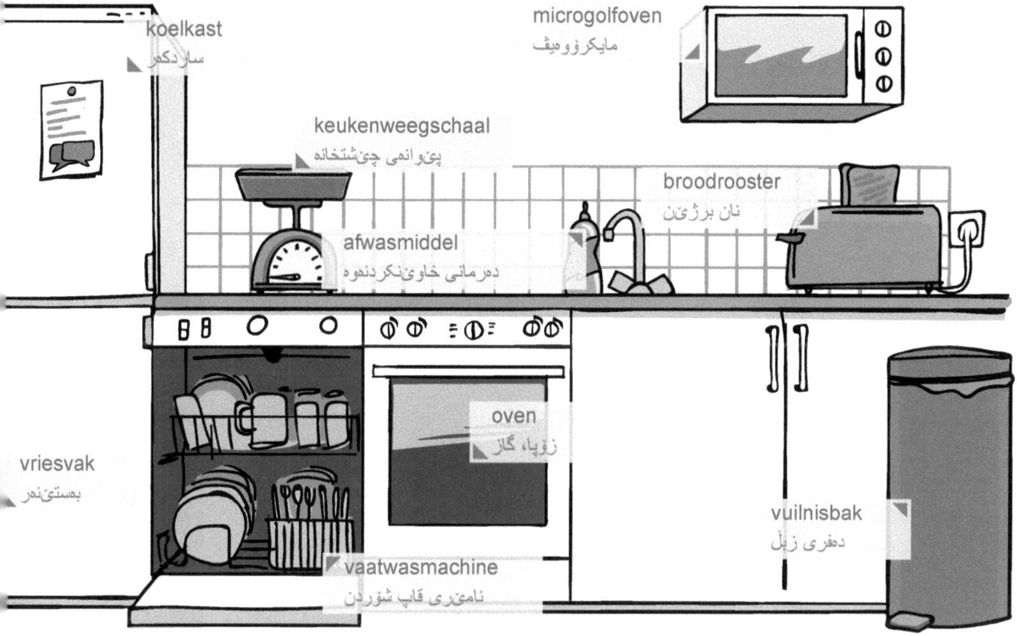
koelkast
سارکەر
microgolfoven
مایکرۆوەیڤ
keukenweegschaal
پێوانەی چێشتخانە
broodrooster
نان برژێن
afwasmiddel
دەرمانی خاوێنکردنەوە
oven
زۆپا، گاز
vriesvak
بەستێنەر
vuilnisbak
دەفری زبڵ
vaatwasmachine
ئامێری قاپ شۆردن

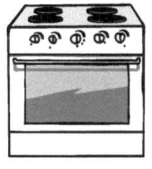

fornuis
چێشتلێنەر

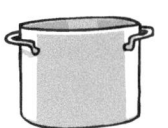

pot
مەنجەڵ

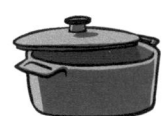

gietijzeren pot
قاپی ئوتوو

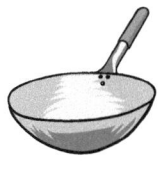

wok / kadai
تاوەی قووڵ

pan
تاوە

waterkoker
کتری، ئاوگەمکەر

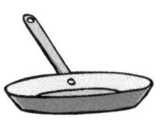

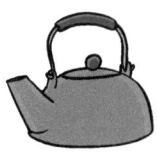

stoomkoker

چێشتلێنەری هەڵمی

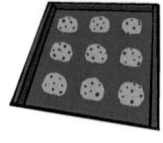

bakplaat

کەشەفی نانکردن

servies

قاپ و قاچاغ

mok

کۆپ

kom

قاپ

eetstokjes

چیلکەی نانخواردن

pollepel

ئەسکوێ

spatel

کەوگیر

garde

گسک

vergiet

سووزمە

zeef

بێژنگ

rasp

ئامێری جنینی پەنیر و سەوزە

mortier

دەستار

barbecue

برژاندن

haardvuur

ئاگر

snijplank
....
تەختەی وردکردن

deegrol
....
تیرۆک

kurkentrekker
....
بورغی فلین

blik
....
قوتوو

blikopener
....
قوتووکەرەوە

pannenlap
....
دەسرەی مەنجەڵ

gootsteen
....
دەسشۆر

borstel
....
فڵچە

spons
....
ئیسفەنج

blender
....
تێکەڵکەر

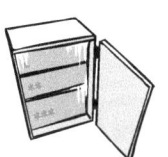

vriezer
....
قەرەسی

papfles
....
شووشە شیر

kraan
....
شێری ئاو

badkamer

حەمام، ئاودەستخانە

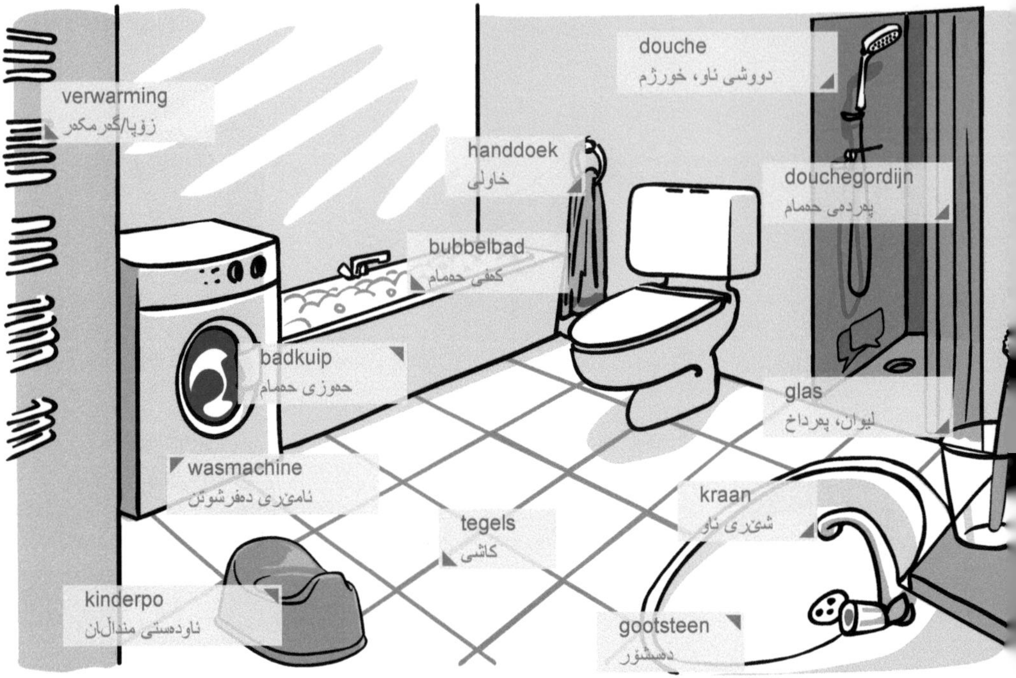

douche
دووشی ئاو، خورژم
verwarming
زۆپا/گەرمکەر
handdoek
خاولی
douchegordijn
پەردەی حەمام
bubbelbad
کەفی حەمام
badkuip
حەوزی حەمام
glas
لیوان، پەرداخ
wasmachine
ئامێری دەفرشوتن
kraan
شێری ئاو
tegels
کاشی
kinderpo
ئاودەستی منداڵان
gootsteen
دەستشۆر

toilet

ئاودەست، توالێت

hurktoilet

توالێتی نزم، ئاودەست

bidet

جۆرێک توالێت

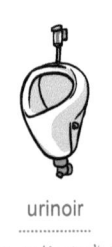

urinoir

توالێت، ئاودەست

toiletpapier

کاغەزی ئاودەستخانە

toiletborstel

فڵچەی ئاودەستخانە

tandenborstel
....
فڵچەی ددان

tandpasta
....
خەمیری ددان

flosdraad
....
بەنی ددان

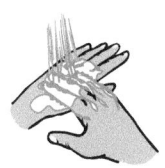

wassen
....
شۆردن، شوتن

handdouche
....
خورژمی دەستی

bidethanddouche
....
دووش

waskom
....
کاسەی دەستوچاوشوتن

rugborstel
....
فڵچەی پشت

zeep
....
سابوون

douchegel
....
جێڵی خۆشوتن

shampoo
....
شامپۆ

washandje
....
فلانێل

afvoer
....
ئاوەڕۆ

crème
....
کرێم

deodorant
....
بۆنخۆشکەرە

spiegel

ئاوێنە

handspiegel

ئاوێنەی دەستی

scheermes

مەکینەی ڕیش تاشین

scheerschuim

سابوونی ڕیش تاشین

aftershave

کرێمی دوای ڕیش تاشین

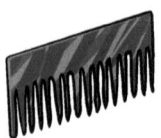

kam

شانە

borstel

فڵچە

haardroger

سێشوار، سەرئیشککەرەوە

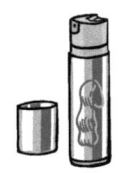

haarlak

سپرەی قژ

make-up

سووراوسپیاو

lippenstift

سووراو

nagellak

ڕەنگی نینۆک

watten

لۆکە

nagelknipper

مەقەستی نینۆک

parfum

عەتر

toilettas

....

کیسەی حەمام

kruk

....

کورسی بێ پشت

weegschaal

....

پێوەر

badjas

....

خاولی حەمام

latex handschoenen

....

دەستەوانەی چەرم

tampon

....

تامپۆن

maandverband

....

خاولی خاوێنکردنەوە

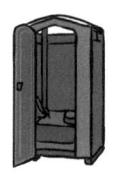

chemisch toilet

....

ئاودەستی کیمیایی

kinderkamer

ژووری منداڵ

wekker
سەعاتی زەنگدار
knuffel
speelgoedauto
ماشێنی یاری
rammelaar
شەقشەقەی منداڵ
poppenhuis
خانووی بووکەشووشە
geschenk
دیاری

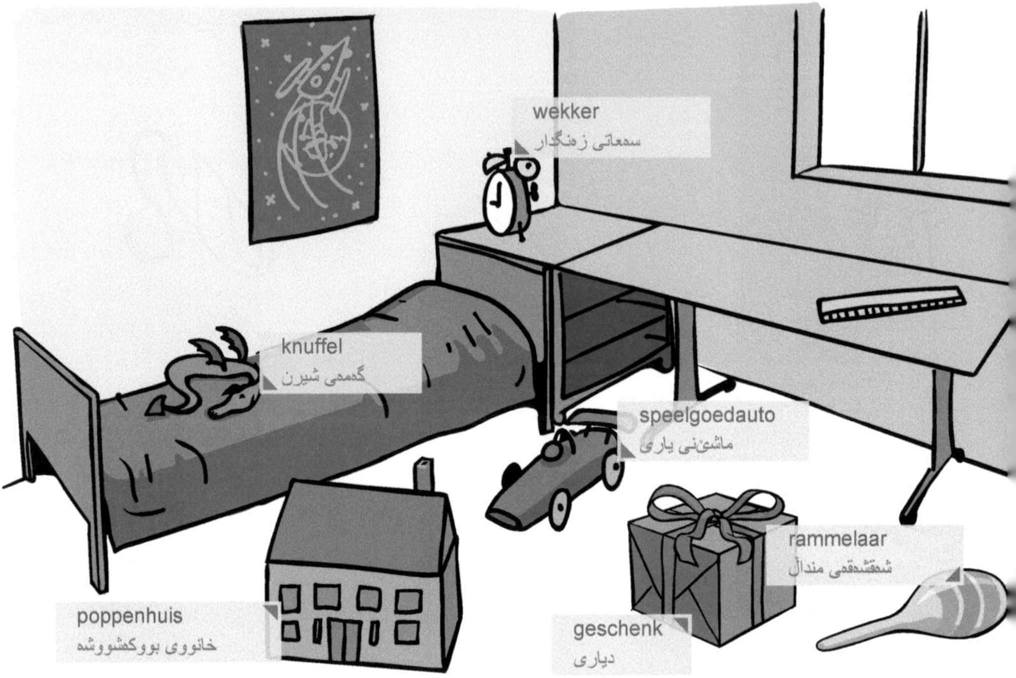

ballon

باڵۆن

bed

پێخەف، نوێن

kinderwagen

داشقەی منداڵ

spel kaarten

گەمەی کارت

puzzel

مەتەڵ، مەتەڵۆک

stripboek

کۆمێدی

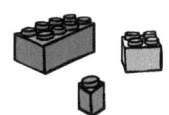

legoblokjes

خشتی لێگۆ

blokken

خشتی یاری

actiefiguur

بووکه شووشه

kruippakje

جلی منداڵ

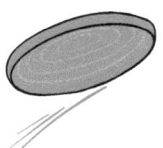

frisbee

یاری فریزبی

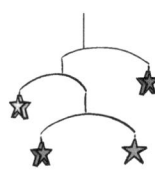

mobiel

بزۆک، جووڵێنراو

bordspel

یاری تەختە

dobbelsteen

مۆرە

modelspoorweg

مۆدێلی شەمەندەفەر

fopspeen

مەمکە مژە

feest

میوانی، جەژن

prentenboek

کتێبی وێنەدار

bal

تۆپ

pop

بووکەشووشە

spelen

کایە کردن، یاری کردن

zandbak

قۆرتی خیزوخۆڵ

schommel

جۆلانە

speelgoed

کایەی منداڵان، یاری منداڵان

spelconsole

گەمەی ویدیۆیی

driewieler

سێچەرخە

knuffelbeer

ورچی یاری

kleerkast

کەنتۆر

kleding

جلوبەرگ

sokken

گۆرەوی

kousen

گۆرەوی درێژ

maillot

گورەوی درێژ

sjaal
شاڵی مل

paraplu
چەتر

T-shirt

riem
قایش، پشتێن

laarzen
چەکمە، پۆتین

sneakers
پێڵاو

slippers
پێڵاوی ماڵ

sandalen
....
پاپوچ

schoenen
....
کەوش، پێڵاو

rubberlaarzen
....
چەکمەی چەرم

onderbroek
....
پانتۆڵی ژێرەوە

beha
....
ستیان، سوخمە

onderhemd
....
جلیسقە

lichaam

جەستە، لەش

broek

پانتۆڵ

jeans

پانتۆڵ

rok

دامەن، تەنوورە

blouse

کراس

hemd

کراس

trui

بلووز

capuchontrui

بلووز

blazer

چاکەت

jas

چاکەت

jas

باڵتە

regenjas

بارانی

kostuum

پۆشاک

jurk

کراسی ژنانە

trouwjurk

جلی زەماوەند

pak

....

چاکەت و پانتۆڵ

nachthemd

....

جلی خەو

pyjama

....

جلی خەو

sari

....

ساری

hoofddoek

....

لەچکە

tulband

....

جەمەدانە، سەرپێچ

boerka

....

بۆرکا

kaftan

....

کەفتان

abaya

....

عەبا

badpak

....

جل و بەرگی مەلەکردن

zwembroek

....

پانتۆڵی مەلە

short

....

پانتۆڵی کورت

trainingspak

....

جلوبەرگی ڕاهێنان

schort

....

بەروانکە، بەرکوشە

handschoenen

....

دەستەوانە

knoop

....

دوگمه

bril

....

چاویلکه

armband

....

بازنه

ketting

....

ملوانکه

ring

....

ئەنگوستیله

oorbel

....

گواره

pet

....

کڵاو

kapstok

....

داری جل هەڵواسین

hoed

....

کڵاو

das

....

بۆینباخ

rits

....

زیپ

helm

....

کڵاوی پارێزەر

bretellen

....

هەڵگر

schooluniform

....

جلی قوتابخانە

uniform

....

یەکپۆش

slabbetje

بەرلیکە، بەرکۆشی منداڵ

fopspeen

مەمکە مژە

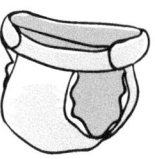

luier

دایبی، پەڕۆشۆر

kantoor

نووسینگە، فەرمانگە

server
ڕاژە
dossierkast
دۆڵابی بەڵگە
printer
چاپکەر
papier
کاغەز
monitor
مۆنیتۆر، پیشانگەر
muis
ماوس
bureau
مێزی نووسین
map
بۆخچە
toestenbord
تەختەکلیل
papiermand
سەبەتەی کاغەز
computer
کۆمپیوتەر
stoel
کورسی

koffiemok

کۆپی قاوە

rekenmachine

ژمێرەر

internet

ئینتەرنێت

laptop

....

لەپتۆپ

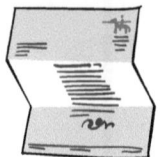

brief

....

نامە

bericht

....

پەیام

gsm

....

موبایل، تەلەفۆنی دەست

netwerk

....

تۆڕ

kopieerapparaat

....

ئامێری لەبەرگرتنەوە، کۆپیکەر

software

....

نەرمەکالا

telefoon

....

تەلەفۆن

stopcontact

....

ساکێتی دووشاخە

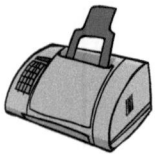

fax

....

ئامێری فەکس

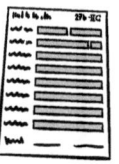

formulier

....

فۆڕم

document

....

بەڵگە

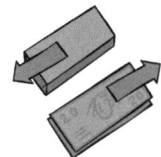

kopen

کڕین

betalen

پارەدان

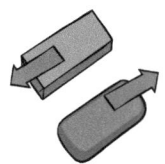

handelen

بازرگانی، ئاڵوگۆڕکردن

geld

پارە، دراو

dollar

دۆلار

euro

یۆرۆ

yen

یەن

roebel

ڕوبڵی ڕووسی

Zwitserse frank

فرانکی سویسی

Chinese renminbi

یوان، یەکەی دراوی چینی

roepie

ڕووپییە

geldautomaat

مەکینەی پارە

wisselkantoor

نووسینگەی گۆڕینەوەی دراو

goud

زێڕ

zilver

زیو

olie

نەوت

energie

وزە

prijs

بەها، نرخ

contract

ڕێکەوتننامە

belasting

باج

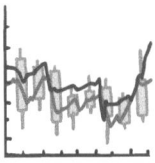

aandeel

سەهام

werken

کارکردن

werknemer

کارمەند، کارکەر

werkgever

خاوەنکار

fabriek

کارخانە

winkel

دووکان

beroepen

ئیشەکان

politieagent
فەرمانبەری پولیس
brandweerman
ئاگرکووژێنەر
kok
چێشتلێنەر
dokter
دکتۆر
piloot
فڕۆکەوان

tuinman

باخەوان

timmerman

دارتاش، مەرەنگوێز

naaister

خەییات

rechter

دادوەر

chemicus

کیمیازان

acteur

شانۆگەر، شانۆکار

buschauffeur

شۆفیری پاس

taxichauffeur

شۆفیر تاکسی

visser

ماسیگر

schoonmaakster

کڵفەت

dakdekker

وەستای سەربان

ober

خزمەتکار

jager

ڕاوچی

schilder

بۆیاخچی

bakker

نانکەر

elektricien

کارەباچی

bouwvakker

بەننا

ingenieur

ئەنازیار

slager

قەساب

loodgieter

وەستای بۆری

postbode

پۆستەچی

soldaat

سەرباز

architect

نەخشەکێش

kassier

ژمێریار، خەزەندار

bloemist

گوڵفرۆش

kapper

ئارایشگەر

conducteur

گەیێنەر

mecanicien

میکانیک

kapitein

کەشتیوان

tandarts

ددانساز، دوکتوری ددان

wetenschapper

زانا

rabbijn

مەڵای جوولەکان

imam

ئیمام

monnik

کەسی ئایینی

geestelijke

قەشە

werktuigen

ئامراز و کەرەستە

hamer
چەکووش
tang
پلایز
schroevendraaier
پێچبادەر
schroefsleutel
جەرەبادەر
zaklamp
مەشخەڵ

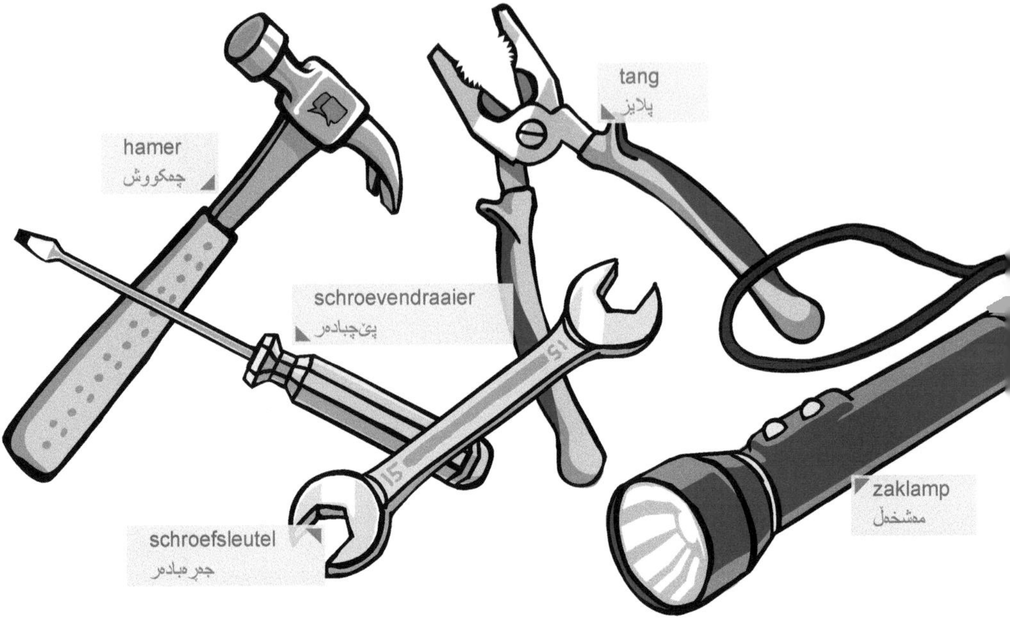

graafmachine

شۆفڵ

gereedschapskoffer

سندووقی ئامراز

ladder

پەیژە

zaag

مشار

spijkers

بزمارەکان

boormachine

کونکەرە

repareren

چاککردنەوه

schop

بیلمەرد

Verdomme!

نەفرەت!

blik

خاکەناز

verfpot

قەتووی بۆیاخ

schroeven

پیچەمکان، جەمرەکان

muziekinstrumenten
ئامێرەکانی موزیک

drumstel
ناقمی تەپڵ

luidspreker
قسەکەر، بڵندگۆ

contrabas
جۆری گیتار

trompet
زورنا

gitaar
گیتار

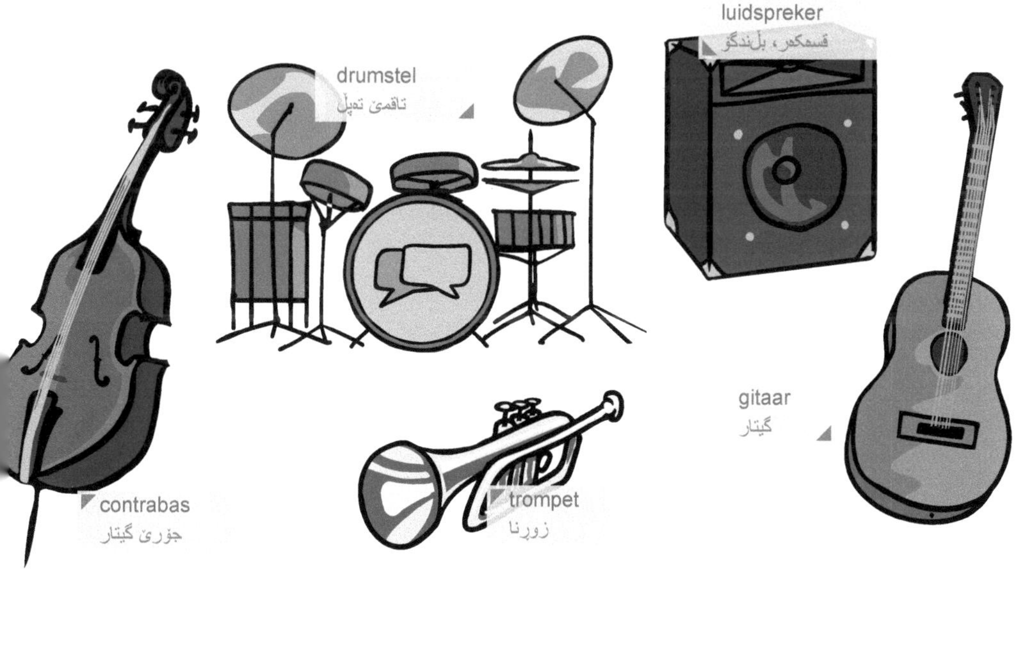

piano

پیانۆ

viool

کەمانچە

basgitaar

گیتار

pauk

دەهۆڵ

trommels

تەپڵ

keyboard

تەختەکلیل

saxofoon

ساکسافۆن

fluit

فلووت، شمشاڵ

microfoon

مایکرۆفۆن

ZOO

باخچەی ئاژەڵان

ingang
ناڤدەر، دەروازە
tijger
kooi
قەفەز
zebra
کەرەکێوی
diereneten
panda
ورچی پاندا

dieren

ئاژەڵەکان

olifant

فیل

kangoeroe

کانگۆرۆ

neushoorn

کەرکەدەن

gorilla

گۆریلا

beer

ورچ

kameel

وشتر

struisvogel

وشترمریشک

leeuw

شێر

aap

مەیموون

flamingo

فڵامینگۆ

papegaai

تووتی

ijsbeer

ورچی جەمسەری

pinguïn

پێنگوین

haai

قرش، سەگەماسی

pauw

تاووس

slang

مار

krokodil

تیمساح

dierenverzorger

پارێزەری باخچەی ئاژەڵان

zeehond

سەگی دەریایی

jaguar

پڵینگ

pony

....

ئەسپی قەزەم

luipaard

....

پشیلەی پڵینگی

nijlpaard

....

ئەسپی ئاوی

giraffe

....

زەرافە

adelaar

....

هەڵۆ

wild zwijn

....

بەرازی کێوی

vis

....

ماسی

zeeschildpad

....

کیسەڵ

walrus

....

واڵڕاس، ئاژەڵێکی دەریایی

vos

....

ڕێوی

gazelle

....

ئاسک

sporten

وەرزش

rugby
تۆپی پێی ئەمریکی
wielrennen
دووچەرخەی‌خوڕین
tennis
تێنیس
basketbal
تۆپی باسکە
zwemmen
مەلەکردن
boksen
بۆکسێن
ijshockey
هۆکی سەر سەهۆڵ

voetbal

فووتبۆڵ

badminton

بەدمینتۆن

atletiek

وەرزشوان

handbal

هەندباڵ

skiën

خلیسکێن

polo

پۆلۆ

lachen
پێکەنین
springen
بازکردن
knuffelen
لەباوەشگرتن، لەئامێزگرتن
wandelen
بەڕێداڕۆیشتن، پیاسەکردن
zingen
گۆرانی خوێندن
dromen
خەون دیتن، خەون بینین
bidden
پاڕانەوە، نوێژکردن
kussen
ماچکردن

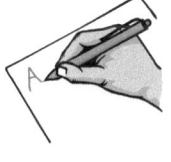

schrijven
....
نووسین

tekenen
....
وێنەکێشان

tonen
....
نیشاندان

duwen
....
پاڵ پێوەنان

geven
....
دان

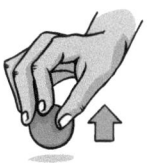

nemen
....
هەڵگرتن

hebben

هەبوون

doen

کردن

zijn

بوون

staan

ڕاوەستان

lopen

هەڵاتن

trekken

کێشان

gooien

هاویشتن

vallen

کەوتن

liggen

درۆکردن

wachten

چاوەڕێبوون

dragen

هەڵگرتن

zitten

دانیشتن

aankleden

جل لەبەرکردن

slapen

خەوتن

ontwaken

لەخەوهەستان

kijken naar

....

چاولێکردن

wenen

....

گریان

aaien

....

جەڵتەلێدان

kammen

....

قژداهێنان، شانەکردن

praten

....

قسەکردن

begrijpen

....

تێگەیشتن

vragen

....

پرسیارکردن، پرسین

luisteren

....

گوێڕاگرتن

drinken

....

خواردنەوە

eten

....

خواردن

opruimen

....

ڕێکوپێک کردن

houden van

....

خۆشویستن

koken

....

چێش لێنان

rijden

....

شۆفێریکردن

vliegen

....

فڕین

zeilen

....

کەشتیوانی

rekenen

....

حسابکردن، ژماردن

Lezen

....

خوێندنەوە

leren

....

فێربوون

werken

....

کارکردن

trouwen

....

زەماوەندکردن

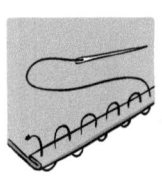

naaien

....

دورین، دورومانکردن

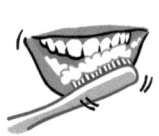

tandenpoetsen

....

فڵچە لەددان دان

doden

....

کوشتن

roken

....

جگەرەکێشان

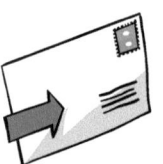

sturen

....

ناردن

grootmoeder
دایمگەورە

grootvader
باوگەورە

vader
باوک، باب

moeder
دایک

baby
مندالی ساوا

dochter
کچ

zoon
کوڕ

gast

میوان

tante

پوور

oom

مام، خاڵ

broer

برا

zus

خوشک

lichaam

جەستە، لەش

voorhoofd
ناوچاوان، توێڵ
oog
چاو
schouder
شان
vinger
قامک
gezicht
دەموچاو، ڕوومەت
kin
چەنە
hand
دەست
been
لاق
borst
سنگ
arm
باسک، قۆڵ

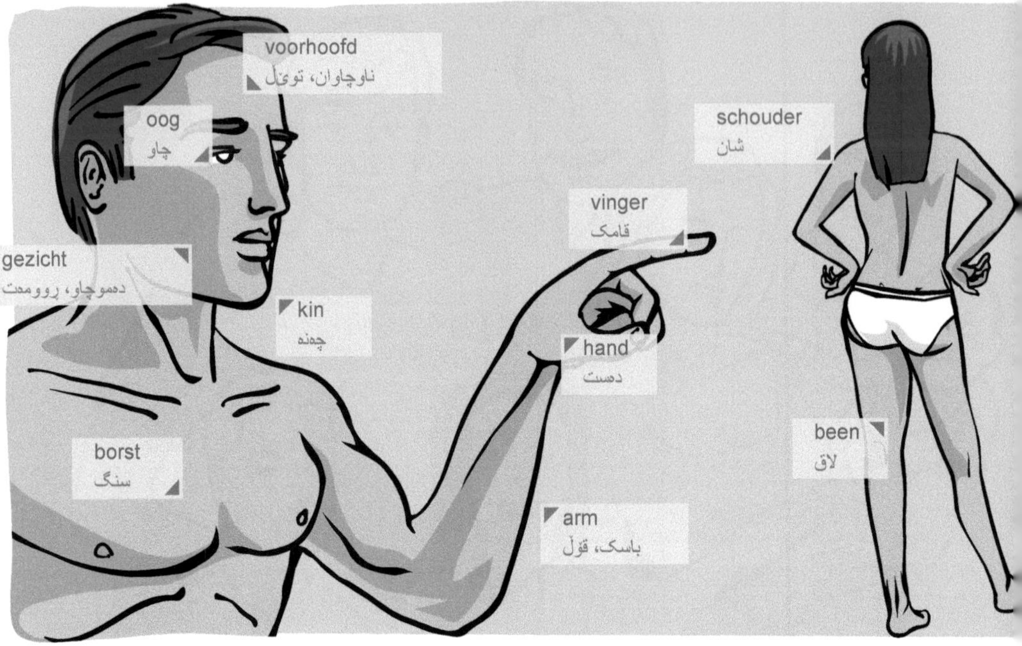

baby

منداڵی ساوا

man

پیاو

vrouw

ژن

meisje

کچ

jongen

کوڕ

hoofd

سەر

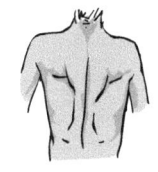

rug

پشت

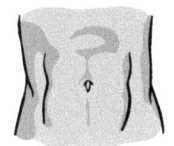

buik

زگ

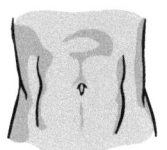

navel

ناوک

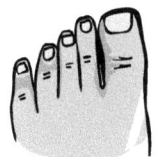

teen

قامکی پێ

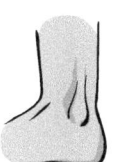

hiel

پاژنەی پێ

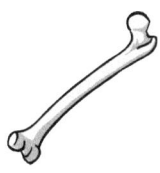

bot

ئێسقان، ئێسک

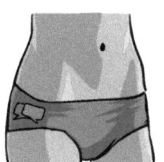

heup

سمت

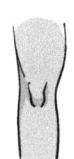

knie

ئەژنو

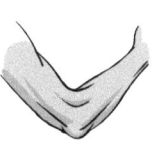

elleboog

ئانیشک

neus

لووت

zitvlak

قوون

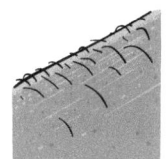

huid

پێست

wang

گوپ

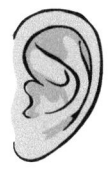

oor

گوێ

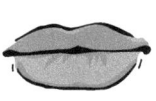

lip

لێو

mond

....

دەم، زار

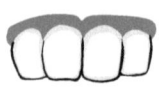

tand

....

ددان

tong

....

زمان

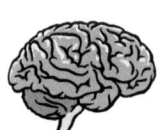

hersenen

....

مێشک

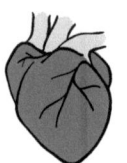

hart

....

دڵ

spier

....

ماسوولکە

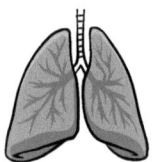

long

....

سیپەلاک، سی

lever

....

جەرگ

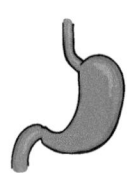

maag

....

گەدە

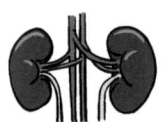

nieren

....

گورچیلە

seks

....

سێکس

condoom

....

کۆندۆم

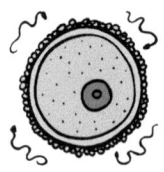

eicel

....

توو، گەرا

sperma

....

تۆو

zwangerschap

....

دووگیانی

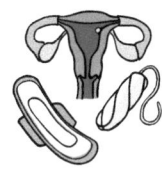

menstruatie
....
کەوتنە سەر خوێن

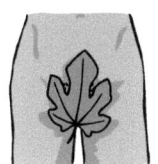

vagina
....
زێ

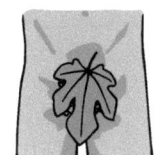

penis
....
کێر

wenkbrauw
....
برۆ

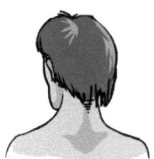

haar
....
قژ

nek
....
مل

ziekenhuis
نەخۆشخانە، خەستەخانە

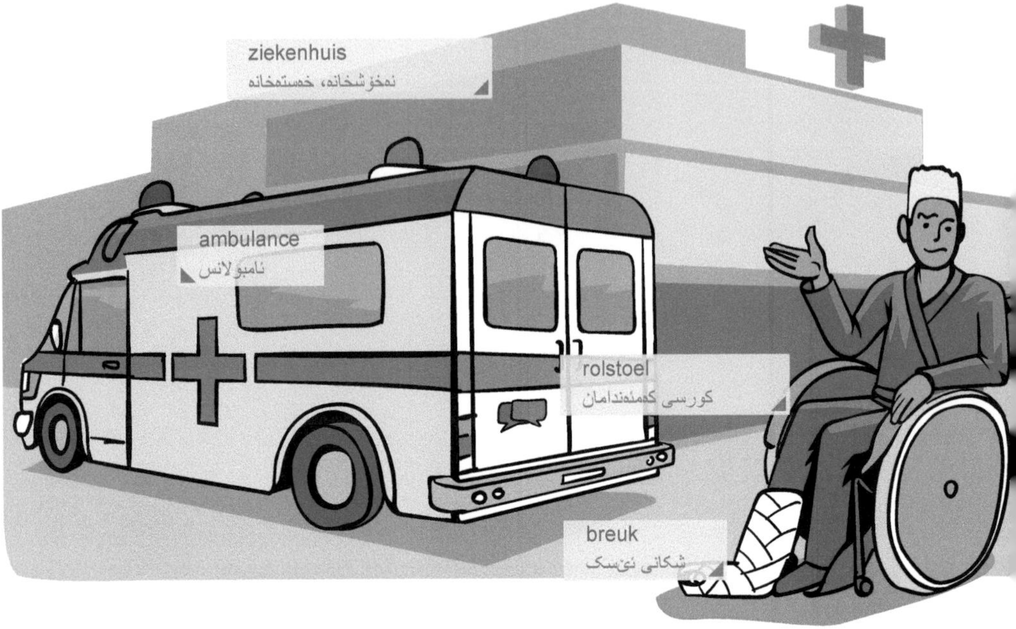

ambulance
ئامبولانس
rolstoel
کورسی کەمئەندامان
breuk
شکانی ئێسک

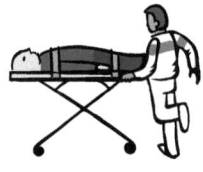

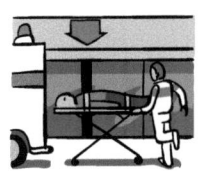

dokter

دکتۆر

spoed

ژووری فریاکەوتن

verpleegkundige

نەخۆشوان

noodgeval

ئورژانس، بەشی فریاکەوتن

bewusteloos

بێهۆش

pijn

ژان، ئێش

verwonding

بریندار ی

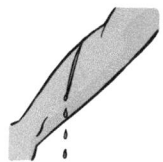

bloeding

خوێنڕێژی

hartaanval

جەڵتەی دڵ

beroerte

جەڵتە

allergie

ئالێرژی، هەستیاری

hoest

کۆخە

koorts

تا

griep

ئەنفلۆنزا

diarree

زگچوون

hoofdpijn

سەرێشە، ژانەسەر

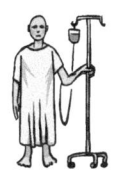

kanker

سەرەتان

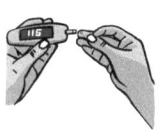

diabetes

شەکرە

chirurg

نەشتەرگەر

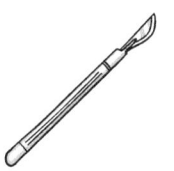

scalpel

نەشتەر، چەقۆی توێکاری

operatie

نەشتەرگەری

CT

CT

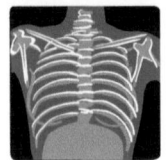

röntgenstraal

تیشکی ئێکس

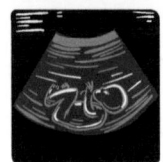

ultrageluid

ئوڵتراساوند

gezichtsmasker

ماسکی ڕوومەت

ziekte

نەخۆشی

wachtkamer

ژووری چاوەڕێبوون

kruk

گۆچان

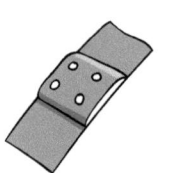

pleister

مشەما

verband

برین پێچ

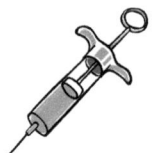

injectie

دەرزی لێدان

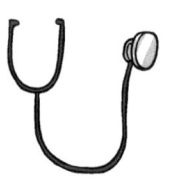

stethoscoop

بیستۆکی پزیشک

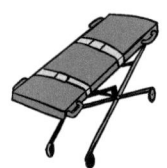

brancard

داربەست

thermometer

گەرماپێوی کلینیکی

geboorte

لەدایکبوون

overgewicht

زیادەکێشد/قەڵەویی

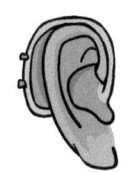

hoorapparaat
....
بیستۆک

ontsmettingsmiddel
....
میکرۆبکوژ

infectie
....
چڵک

virus
....
ویروس

HIV / AIDS
....
ئەیدز

medicijn
....
دەرمان

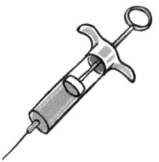

vaccinatie
....
کوتان

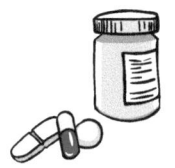

tabletten
....
حەب

pil
....
حەب

noodoproep
....
تەلەفۆنی فریاکەوتن

bloeddrukmeter
....
پیشانگەری پەستانی خوێن

ziek / gezond
....
نەخۆش / سڵامەت

noodgeval

ئورژانس، بەشی فریاکەوتن

Help!

یارمەتی!

alarm

ئاگادارکردنەوە، ئەلارم

overval

دەستدرێژی

aanval

هێرشکردن

gevaar

مەترسی

nooduitgang

چوونەدەرەوەی ئورژانس

Brand!

ئاگر!

brandblusser

ئاگرکوژێنەوە

ongeval

ڕووداو، پێشهات

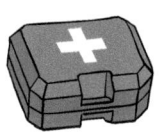

EHBO-kit

قوتووی یارمەتی فریاکەوتن

SOS

SOS

politie

پولیس

Europa

....

ئەوروپا

Noord-Amerika

....

ئەمریکای باکوور

Zuid-Amerika

....

ئەمریکاری باشوور

Afrika

....

ئافریقا

Azië

....

ئاسیا

Australië

....

ئوسترالیا

Atlantische Oceaan

....

ئەتڵەسی، ئۆقیانووسی ئەتڵەسی

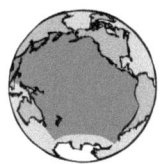

Stille Oceaan

....

زەریای هێمن

Indische Oceaan

....

ئۆقیانووسی هیندی

Antarctische Oceaan

....

ئۆقیانووسی جەمسەری باشوور

Arctische Oceaan

....

ئۆقیانووسی جەمسەری باکوور

Noordpool

....

جەمسەری باکوور

Zuidpool

جەمسەری باشوور

Antarctica

ناوچەی جەمسەری باشوور

aarde

ئەرز، زەوی

land

خاک، وشکانی

zee

دەریا، زەریا

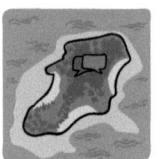

eiland

دوورگە

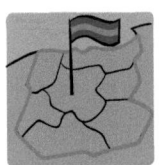

natie

گەل، نەتەوە

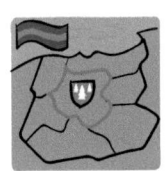

staat

وڵات، پارێزگا، دەوڵەت

klok
کاتژمێر

wijzerplaat
روخساری کاتژمێر

uurwijzer
نیشاندەری کاتژمێر

minuutwijzer
نیشاندەری خولەک

secondewijzer
دەستی دوو

Hoe laat is het?
کاتژمێر چەندە؟، سەعات چەندە؟

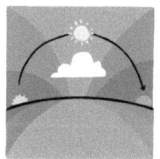

dag
ڕۆژ

tijd
کات، زەمان

nu
ئێستا، هەنووکە

digitale horloge
کاتژمێری دیجیتاڵی

minuut
خولەک

uur
کاتژمێر

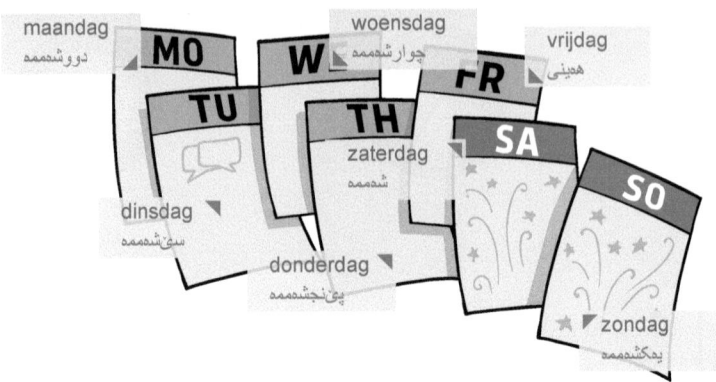

week

هەفتە

maandag
دووشەممە
MO
dinsdag
سێشەممە
TU
woensdag
چوارشەممە
W
donderdag
پێنجشەممە
TH
vrijdag
هەینی
FR
zaterdag
شەممە
SA
zondag
یەکشەممە

1

gisteren

دوێنێ

2

vandaag

ئەمڕۆ، ئەوڕۆ

morgen

سبەینێ

ochtend

بەیانی

middag

نیوەڕۆ

avond

ئێوارە

MO TU WE TH FR SA SU
1 2 3 4 5 6 7
8 9 10 11 12 13 14
15 16 17 18 19 20 21
22 23 24 25 26 27 28
29 30 31 1 2 3 4

werkdagen

ڕۆژی کار

MO TU WE TH FR SA SU
1 2 3 4 5 6 7
8 9 10 11 12 13 14
15 16 17 18 19 20 21
22 23 24 25 26 27 28
29 30 31 1 2 3 4

weekend

کۆتایی هەفتە

regen
باران

regenboog
کۆلکەزێرینە

sneeuw
بەفر

wind
بازکردن

lente
بەهار

herfst
پاییز

zomer
هاوین

winter
زستان

4.APRIL	11°	☀
5.APRIL	4°	☁
6.APRIL	13°	☁
7.APRIL	8°	☀
8.APRIL	10°	☀

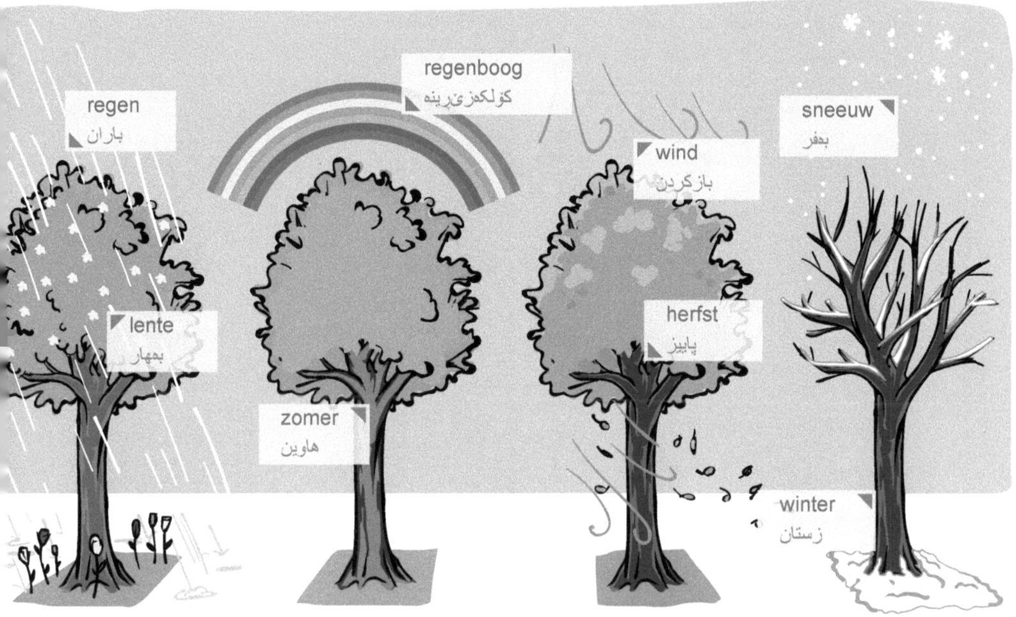

weervoorspelling

پێشبینی هەوا

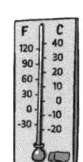

thermometer

گەرماپێو

zonneschijn

خۆرەتاو

wolk

هەور

mist

تەمومژ

vochtigheid

تەڕایی

bliksem

....

هەورەتریشقە، بروسکە

donder

....

هەورەگرمە

storm

....

باوبۆران، تۆفان

hagel

....

تەرزە

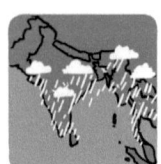

moesson

....

مانسوون

overstroming

....

لافاو

ijs

....

سەهۆڵ

januari

....

جانیوەری

februari

....

فێبریوەری

maart

....

مارچ

april

....

ئەپریل

mei

....

مەی

juni

....

جوون

juli

....

جوولای

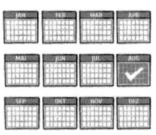

augustus

....

ئۆگۆست

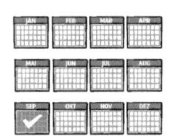

september

سێپتەمبەر

oktober

ئۆکتۆبەر

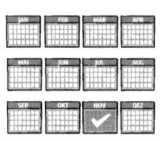

november

نۆڤەمبەر

december

دیسەمبەر

vormen

شێوەکان

cirkel

بازنە

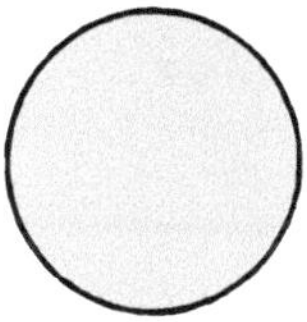

kwadraat

چوارگۆشە

rechthoek

چوارگۆشەی درێژ

driehoek

سێگۆشە

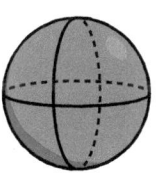

bol

تۆپ، گۆ

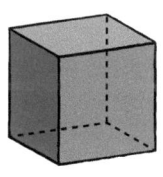

kubus

خشتەک

kleuren

ڕەنگەکان

wit

سپی

geel

زەرد

oranje

پرتەقاڵیی

roze

پەمەیی

rood

سوور

paars

بنەوش

blauw

شین

groen

سەوز

bruin

قاوەیی

grijs

بۆر

zwart

ڕەش

veel / weinig

زۆر / کەم

boos / kalm

تووڕە / لەسەرەخۆ

mooi / lelijk

جوان / ناحەز

begin / einde

سەرەتا / کۆتایی

groot / klein

گەورە / چکۆلە

licht / donker

ڕووناک / تاریک

broer / zus

برا / خوشک

proper / vuil

خاوێن / چڵکن

volledig / onvolledig

تەواو / ناتەواو

dag / nacht

ڕۆژ / شەو

dood / levend

مردوو / زیندوو

breed / smal

پان / تەنگ

eetbaar / oneetbaar
....
خۆش / ناخۆش

kwaadaardig / vriendelijk
....
نەگریس / بەبەزەیی

opgewonden / verveeld
....
وروژاو / بێزار

dik / dun
....
قەڵەو / لاواز

eerst / laatst
....
یەکەم / ئاخر

vriend / vijand
....
دۆست / دوژمن

vol / leeg
....
پڕ / خاڵی

hard / zacht
....
ڕەق / نەرم

zwaar / licht
....
قورس / سووک

honger / dorst
....
برسی / توونی

ziek / gezond
....
نەخۆش / سڵامەت

illegaal / legaal
....
نایاسایی / یاسایی

intelligent / dom
....
زیرەک / گەمژە

links / rechts
....
چەپ / ڕاست

dichtbij / veraf
....
نزیک / دوور

nieuw / gebruikt

....

نوێ / کۆن، بەکارھاتوو

niets / iets

....

ھیچ شتێک / شتێک

oud / jong

....

پیر / لاو

aan / uit

....

ھەڵکراو / کوژاوە

open / dicht

....

کراوە / داخراو

stil / luid

....

بێدەنگ / دەنگی بەرز

rijk / arm

....

دەوڵەمەند / ھەژار

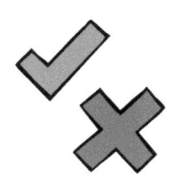

juist / fout

....

ڕاست / ھەڵە

ruw / glad

....

زبر / ساف

droevig / blij

....

خەمین / خۆشحاڵ

kort / lang

....

کورت/ درێژ

traag / snel

....

ھێواش / خێرا

nat / droog

....

تەڕ / وشک

warm / koud

....

گەرم / فێنک

oorlog / vrede

....

شەڕ / ئاشتی

cijfers

ژمارەکان

0	1	2
nul	één	twee
سیفر	یەک	دوو
3	**4**	**5**
drie	vier	vijf
سێ	چوار	پێنج
6	**7**	**8**
zes	zeven	acht
شەش	حەوت	هەشت
9	**10**	**11**
negen	tien	elf
نۆ	دە	یازدە

12

twaalf

....

دوازده

13

dertien

....

سێزده

14

veertien

....

چوارده

15

vijftien

....

پازده، پانزه

16

zestien

....

شازده

17

zeventien

....

حەفده

18

achtien

....

هەژده

19

negentien

....

نۆزده

20

twintig

....

بیست

100

honderd

....

سەد

1.000

duizend

....

هەزار

1.000.000

miljoen

....

میلیۆن

Talen

زمانەکان

Engels
....
ئینگلیزی

Amerikaans Engels
....
ئینگلیزی ئەمەریکی

Chinees (Mandarijn)
....
چینی ماندارین

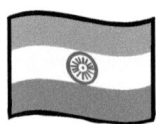

Hindi
....
هیندی

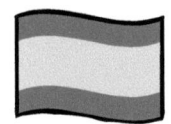

Spaans
....
ئیسپانی

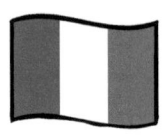

Frans
....
فەرەنسی

Arabisch
....
عەرەبی

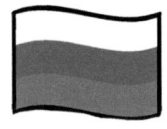

Russisch
....
ڕووسی

Portugees
....
پۆرتوگالی

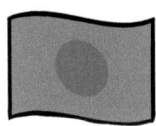

Bengali
....
بەنگالی

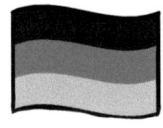

Duits
....
ئاڵمانی

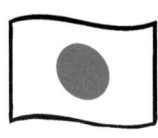

Japans
....
ژاپۆنی

wie / wat / hoe
کێ / چی / چۆن

ik

من

u

تۆ

hij / zij / het

ئەو

wij

ئێمە

u

ئێوە

ze

ئەوان

wie?

کێ؟

wat?

چی؟

hoe?

چۆن؟

waar?

لەکوێ؟

wanneer?

کەنگێ؟ کەی؟

naam

ناو

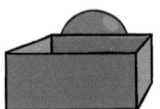

waar

شوێن

achter

لەپشت

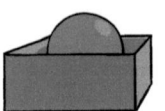

in

لە

voor

لەپێش

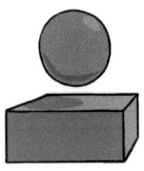

boven

سەرێ

op

لەسەر

onder

ژێر

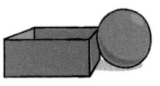

naast

لە تەنیشت

tussen

لەنێوان

plaats

شوێن، جێ